BEI GRIN MACHT SICH IHR
WISSEN BEZAHLT

- Wir veröffentlichen Ihre Hausarbeit,
  Bachelor- und Masterarbeit

- Ihr eigenes eBook und Buch -
  weltweit in allen wichtigen Shops

- Verdienen Sie an jedem Verkauf

Jetzt bei www.GRIN.com hochladen
und kostenlos publizieren

Carola Wondrak

Gen-Et(h)ische Probleme

GRIN Verlag

Bibliografische Information der Deutschen Nationalbibliothek:

Die Deutsche Bibliothek verzeichnet diese Publikation in der Deutschen National-
bibliografie; detaillierte bibliografische Daten sind im Internet über http://dnb.d-
nb.de/ abrufbar.

Impressum:

Copyright © 2007 GRIN Verlag GmbH
Druck und Bindung: Books on Demand GmbH, Norderstedt Germany
ISBN: 978-3-656-54819-5

Dieses Buch bei GRIN:

http://www.grin.com/de/e-book/262988/gen-et-h-ische-probleme

Gen- Et(h)ische Probleme

Carola Wondrak
2007

GYMNASIUM FÜR JUNGEN UND MÄDCHEN

Als am 26.Juni 2000 bekannt wurde, das nun das menschliche Genom bis zu 99% untersucht wäre, gab es viele verschiedene Reaktionen auf diese Ankündigung. Die einen sahen in dem Fortschritt der Technik einen enormen Vorteil und hatten Illusionen von einer Heilung der genbedingten Krankheiten, wie die Bluterkrankheit oder Mucoviszidose. Sie stellten sich vor, dass die defekten Stücke im Erbgut ausgetauscht oder repariert werden könnten. Doch kann man die naturgegebenen Krankheiten eines Menschen so sehr beeinflussen, ihn sogar heilen? Die Skeptiker dagegen halten diese Entdeckung für ein hohes Risiko. Ein Großteil des Menschen kann nun durch die Entschlüsselung seiner Genome vorhergesagt werden.

Vielleicht könnte es bald Pflicht werden, einen Pass bei seinem Arbeitgeber vorzuzeigen, in dem die Ergebnisse eines Gentests festgehalten sind? Menschen mit erblich bedingter Kahlheit oder angeborenem Hang zum Alkoholismus könnten diskriminiert werden. Es könnte passieren, dass der Arbeitgeber lieber einen Menschen anstellt, dessen Gene ihn als sehr sozialen oder widerstandsfähigen Menschen auszeichnen. Der Vorteil für den Chef scheint klar auf der Hand zu liegen: Lieber den gesunden einstellen, es gibt weniger Fehltage und für das gesamte Unternehmen wäre dieser Arbeitnehmer effizienter. Doch was ungeachtet bleibt: Es bedeutet nicht, dass der andere zwangsläufig zum Säufer werden muss. Die Gene zeigen hier Veranlagungen auf, und keinen perfekt konstruierten Lebenslauf. Es gibt weltweit viele Trinker, die ihre Angewohnheit nicht angeboren bekommen haben. Genauso, wie der eigentlich widerstandsfähige Arbeiter auch krank werden kann. Natürlich kommt es auch da auf die äußeren Umstände an. Ich halte es für falsch, dass jeder Mensch meine besonderen Begabungen und Veranlagungen sofort lesen kann. Dadurch wird die Freiheit des Einzelnen viel mehr eingeschränkt und meiner Meinung nach werden die Auswahlverfahren für alle möglichen Dinge strenger. Zum Beispiel Schulen und Universitäten, die statt Einstellungstests, eine Genanalyse des Bewerbers durchlesen. Ein noch schwerwiegenderes Beispiel: Krankenkassen, die nur Kunden aufnehmen, bei denen es keine genetischen Defekte oder veranlagte Missstände gibt. Das wäre ein schlimmes Ausleseverfahren, denn schon zu jetzigen Zeit gibt es einige Versicherer, die Schwerbehinderte oder Patienten mit einer Krankheit, aus der sich Folgekrankheiten ergeben, nicht nehmen wollen. Und sie müssen nicht. Wie soll das bloß erst werden, wenn Personen betroffen sind, bei denen genetisch Alzheimer prognostiziert wird? Selbst, wenn es nicht zur Pflicht wird, seinen Gen-Pass vorzuzeigen, kann es trotzdem sein, dass einige Menschen, die mit den besonders guten Genen, ihn vorzeigen, um Vorteile und bei Krankenkassen einen Bonus zu erhalten. Hier hängt alles von der Solidarität der Menschen untereinander ab. Ich denke, dass das eine sehr lange Zeit gut gehen kann, aber wenn der äußere Druck auf die Gesellschaft zum Beispiel durch Inflationen, Mangel an Arbeitsplätzen und Hungersnöten zunimmt, wird auch diese Solidarität ruiniert sein und der starke Konkurrenzkampf entbrennt. Allem Anschein nach, werden die Personen mit den schlechten genetischen Bedingungen über keine Möglichkeit verfügen, die Krankenkasse, zu wechseln. Denn Alzheimer zieht Behandlungs- und Betreuungskosten nach sich, die durch die Krankenkasse finanziert werden müssen.

Hier kommt nun das Thema der Sterbehilfe auf. Wenn Menschen, denen es offensichtlich schlecht geht, sterben möchten, könnte man ihnen ein Mittel geben, mit dem die Personen dann sanft entschlafen. So sieht es zumindest der Gesetzentwurf vor, über den in vielen ethischen Gremien noch diskutiert wird. Einerseits muss hierbei der politische Nutzen berücksichtigt werden, denn wenn alte Menschen früher sterben, gäbe es keine so großen Probleme in der Rentenkasse, zumal es in Deutschland auch wenige Nachkommen gibt. Andererseits hängen die betroffenen Verwandten sehr an den Sterbenden.

Nicht nur in der Politik und in der Gesellschaft wurde durch diese Idee eine heftige Debatte ausgelöst. Auch in den ethischen Diskussionen tauchen viele verschiedene Sichtweisen auf.

Ein religiös beeinflusster Standpunkt wird zum Beispiel durch Jürgen Moltmann vertreten, der besagt, dass die Menschen „Imango Dei", das bedeutet gottesgleich, nur in der Gemeinschaft von vielen sehr individuellen Menschen sein können. Die Gemeinschaft der Menschen schafft so die Gottesgleichheit. Wenn man das Prinzip auf die Sterbehilfe anwendet, kommt man zu dem Ergebnis, dass er sich dagegen ausspricht, denn nur so kann die Vielfalt unter den Menschen erhalten bleiben. In der Politik gibt es Andrea Fischer von den Grünen, die die Präimplatationsdiagnostik nicht befürworten möchte, weil es so geschehen kann, dass Kinder nach ihrem gesundheitlichen Zustand selektiert werden, was sie auf keinen Fall zulassen möchte, obwohl sie natürlich auch die Angst der Eltern verstehen kann. Sie vertritt den Standpunkt der meisten Politiker. Sehr viele beobachten die PID mit skeptischen Augen.

Die PID ist der Begriff für die genetische und zytologische Untersuchung eines Embryos bei der In-vitro-Fertilisation. Nach diesen Analysen wird dann entscheiden, ob man den künstlichen Embryo der Mutter einpflanzt. Durch diese Untersuchungen können erblichbedingte Krankheiten und genetische Probleme erkannt werden. Dafür werden kurz nach der Befruchtung eine Zelle des Embryos entnommen. Zum Zeitpunkt der Entnahme befindet sich der Embryo im 4-bis-8-Zellstadium. Diese Zellen sind bis zu diesem Zeitpunkt noch totipotent, was bedeutet, dass sich daraus noch ganze, lebensfähige Wesen entwickeln

3

können. Da bei der Untersuchung auf genetische Besonderheiten, die Embryonenzelle zerstört wird und somit der Anfang lebenswerten Lebens zerstört wird, ist diese Methode in Deutschland noch nicht zugelassen.

Doch die wohl bekannteste und provokativste Position in der Debatte ist die Position Peter Singers. Er spricht sich für die Sterbehilfe aus, denn er unterteilt das Leben in lebenswertes und lebensunwertes Leben. Das lebensunwerte Leben zeichnet sich dadurch aus, dass ein Mensch nur durch sein Leben gequält wird, wie es zum Beispiel der Fall ist, wenn man Epidermolysis Bullosa hat. Bei dieser Krankheit entstehen starke Blasen auf der Haut, die wie Brandblasen schmerzen, wenn man berührt wird. Das Leben für jemanden mit dieser Krankheit besteht aus ununterbrochenem Leid und qualvollen Schmerzen. Bei dieser Krankheit sogar physisch uns psychisch bedingt. Das liegt daran, dass Menschen soziale Kontakte und Berührungen brauchen, um glücklich zu sein. Doch im Umgang mit einer so infizierten Person wird man wohl möglichst jede Berührung vermeiden, um der Person nicht noch mehr Schmerzen zuzufügen. Für so ein Kind wäre der Tod eine sichere Erlösung, findet Peter Singer.

Wenn man nun bedenkt, dass sich so eine Krankheit durch eine genetische Analyse des Erbgutes von Mann und Frau vorhersagen lässt, kann man gut nachvollziehen, wie Eltern ein solches Kind wieder abtreiben. Ich finde so etwas falsch, denn auch Kinder mit einer Behinderung sind liebens- und lebenswert. Aber es gilt auch zu bedenken, dass schwächere Kinder mit ihren Behinderungen mehr Pflege und Aufmerksamkeit brauchen, als gesunde Kinder. Ich empfinde es als falsch, jemandem sein Leben zu beenden, obwohl er sich noch gar nicht bewusst ist, wie schön das Leben sein kann, wenn man die richtigen Menschen um sich herum hat. Ausnahmslos unvertretbar finde ich das Abtreiben von Kindern, weil sie mit ihren Vorraussetzungen nicht an die Spitze gehören.

Komplettunvertretbar ist auch, dass man aus Kindern ein gentechnologisches Projekt macht, bei dem man sich Haarfarben, Augenfarben aussuchen kann, wo dann gleich noch in einem Aufwasch alle genetischen Defekte beseitigt werden. Auch das Geschlecht steht zur Auswahl. Das bringt natürlich weitere Probleme mit sich: In China gibt es die Regelung, dass man nur ein Kind haben darf. Und da Jungen höher angesehen sind als Mädchen, wäre die Entscheidung für die Chinesen einfach zu treffen, wenn sie vor die Wahl gestellt wären. Das Problem ist, dass dann die Ausgewogenheit zwischen Mädchen und Jungs nicht mehr vorhanden ist und da tritt das aus der Politik bekannte Problem der Regulierung und Deregulierung auf. Wenn man zuviel eingreift, also zu viel zu regulieren versucht, schafft man dadurch auch ein Ungleichgewicht. Es gibt bei dieser Verbesserung von Kindern nicht nur Vorteile und wirklich einschneidende Optimierungen an den Embryonen, sondern auch überflüssige Wünsche, wie ein Wunsch der Augenfarbe und so weiter. Woher können denn auch die Eltern wissen, welche Farbe dem Kind am meisten zusagt? Im Moment kann man noch sagen, dass es so vererbt wurde und es in der Natur und dem Zufall liegt, welche Augenfarbe man hat. Aber bald werden Kinder sich über ihre missratenen Augenfarben bei ihren Eltern beschweren, da diese sie ja ausgesucht haben. Der Film „Gattica" zeigt es ganz deutlich.

Aus dem Grunde, dass mein Kind mit viel weniger Anstrengung besser wäre, als alle anderen, würde ich es gentechnisch optimieren lassen. Es wünscht sich doch jeder ein besseres, erfolgreicheres und einfacheres Leben für sein Kind. Insofern ist dieser Standpunkt sehr vertretbar. Andererseits muss man auch betrachten, dass sich das Optimieren wie eine Inflationswelle ausbreiten wird. Werdende Eltern werden sich viel eher für die Veränderung entscheiden, denn in einer Klasse mit lauter optimierten Kindern ist es für ein normal-gutes Kind schwer, gut zu sein, und unmöglich, dass es der oder die Beste wird. Allein, um dieses Erlebnis meinem Kind zu ersparen, würde ich es optimieren lassen. Ich weiß sicher, dass ich mir mein Leben lang Vorwürfe machen würde, hätte ich bei diesem Gruppenzwang nicht mitgemacht und würde mein Kind enttäuscht sehen, denn jedes Elternpaar wird versuchen, dem Kind die besten Startchancen zu geben. Mir ist es wichtig, dass nicht alles an dem Kind verändert wird. So ist der Bezug zwischen mir und dem Kind noch da. Obwohl ich mir auch nicht wirklich vorstellen kann, dass man durch eine genetische Optimierung den Bezug zum Kind verliert. Man bedenke, dass es alles meine und die Gene meines Partners sind und nun durch die Technik das beste Mischungsverhältnis hergestellt wird. Mir ist es wichtig, dass nicht alles vorherbestimmt ist, so dass man positiv überrascht werden kann und nicht zu viel vorhersehbar ist. Die Sache die ich am schrecklichsten am Optimieren von Kindern finde ist, dass jeder aus seinem Kind das Intelligenteste, Schönste, Beste, Begabteste und Gebildetste machen möchte. Für mich sieht es so aus, als würde das zu einem „Rüstungswettlauf" führen. Menschen mit normalen Kindern müssten sich nun sorgen machen, ob diese in der optimierten Gesellschaft leben können und ob diese noch konkurrenzfähig sind. Nach der Definition von Peter Singer wäre es vorstellbar, dass man diese Kinder tötet, weil sie ein schlechteres Leben führen, als die genetisch optimierten Babys. Und die normalen würden ihr Leben lang leiden, weil es für sie keine Möglichkeit gibt, den ersten Platz zu machen. Dieser Wettbewerb hat zur Folge, dass die Kinder, wie wir sie kennen aussterben, denn es wäre eine wahrhaft mutige Entscheidung, ein nicht optimiertes und verbessertes Kind zu gebären. Dass es möglich ist, ein Kind im Reagenzglas zu zeugen, wurde am 19. Juni 2003 klar, als das erste „Designer-Baby" per Kaiserschnitt das Licht der Welt erblickte. Die Eltern suchten sich die genetischen Merkmale von Jamie, so sein Name, aus. In Großbritannien wurde solch ein Verfahren aber verboten, weshalb die Eltern in die USA reisten, wo Jamie in einer Chicagoerklinik gezeugt werden konnte.

Durch solche Handlungsweisen wird die Euthanasie nicht mehr so gescheut und im Hinblick auf die deutsche Geschichte ist das Töten von Menschen und das über sie bestimmen keine ideale und auch keine passable Lösung gewesen. Diese Ansicht vertritt auch die deutsche Bischofskonferenz, die den gesamten Vorgang der PID, auf die Selektion von Menschenleben ausgerichtet sieht. Des Weiteren finde ich wichtig zu ergänzen, dass jeder Mensch ein Recht auf Leben hat, das auch durch solche Krankheiten nicht eingeschränkt werden darf. Dadurch würde die Vielfalt der Gesellschaft eingeschränkt und sie würde auf zu viel Talent getrimmt. Dadurch würden auch einzelne Berufe, wie zum Beispiel Berufe in der Pflegebranche wegfallen, denn es gäbe ja nicht mehr viele pflegebedürftige Menschen.

Durch die Frage des Pflegens kommt man zu einer ethischen Ansicht von Dieter Birnbacher. Er vertritt den Standpunkt, dass man bei der Bewertung des Lebens auch beachten muss, dass eine immense Belastung bei den Familienmitgliedern des Kranken liegt. Eine Früheuthanasie ließe sich durch externe Abwägungen und eine anschließende utilitaristische Folgenabwägung klären.

Dieser Ansatz ist zwar wahr, aber dennoch finde ich es nicht glaubwürdig, eine Abtreibung eines Kindes wegen Krankheiten, die die Familie belasten würden zuzulassen. Man kann nicht abwägen, ob das Leben für die späteren Kinder nicht unwürdiger ist, als die Belastung der Eltern. Das könnte nämlich dazu führen, dass Kinder abgetrieben werden, die nach Singers Ethos noch lebenswürdig gewesen wären. Aber dennoch wären sie eine Belastung für die Familie. Das würde den Weg für viele total verantwortungslose Familien öffnen, die einfach behaupten, dass sie mit einem Kind in ihrer jetzigen Lage nicht zu Recht kommen würden. Wenn eine Frau eine Abtreibung vornehmen möchte, weil sie ihre missliche Lage nicht selbst verursacht hat, und aus diesen Gründen nun abtreiben möchte, finde ich das völlig verständlich. Ich denke, dass man Frauen nach einer Vergewaltigung viel mehr Rechte zugestehen müsste, und nicht nur dafür sorgen, dass sie psychisch wieder geheilt sind. Polizeischutz und Schmerzensgeld finde ich als Entschädigung völlig angemessen. Man muss sich nur mal vor Augen halten, was die Frau alles erleiden musste. Und dazu soll dann noch ein Kind kommen, das sie sicherlich nicht selber unter diesen Umständen haben wollte? Das wäre eine Zumutung! Anders sehe ich den Fall jedoch, wenn eine Frau aus Unvorsichtigkeit ein Kind austrägt. Hier finde ich es dennoch im Bereich des Möglichen, ihr die Abtreibung zu ermöglichen, obwohl ich sie nicht völlig unterstützen und sie gegen die Abtreibungsgegner verteidigen kann. Es ist eine Frage der Gleichberechtigung, denn es ist sowieso ungerecht, dass Männer und Frauen „ihren Spaß" haben können, aber nur die Frau die schlimmsten Konsequenzen trägt. Mal abgesehen von den Unterhaltszahlungen, gibt es für einen Mann keine schlimme Konsequenz, wenn er sich nach einiger Zeit aus dem Staub macht. Der Mann hat im Bezug auf Abtreibungen gesunder Kinder gar kein großes Mitspracherecht, denn er darf schließlich keine Frau zu einer Abtreibung zwingen. Im Normalfall liegt die Schuld bei beiden Beteiligten und wenn „Sie" sich ein Kind wünscht, dann hat er das zu akzeptieren, oder er hätte es nicht zeugen dürfen. Dennoch sollte man bei Abtreibungen, egal in welchem Fall, beachten, dass dieser Eingriff Risiken birgt und deshalb verantwortungsbewusst damit umgehen.

Die Euthanasie, zum „Aussieben" der kränklichen oder behinderten Kinder nach der Idee von Dieter Birnbacher lehne ich ab. Es muss auch in Erwägung gezogen werden, dass diese Idee zu radikalen Ausartungen führen kann. Man bedenke nur, wie der extern bewertete Nutzen von manchen Menschen ausfällt. Und das soll dann auch als Todesurteil gelten? So würde die Gesellschaft noch mehr unter dem Produktivitätsdruck gefangen und auch der Leistungsdruck würde weiter ansteigen. Kann die Menschheit so etwas wollen und verantworten? Angela Merkel stellt auch klar, dass kein Mensch ein Recht auf ein gesundes Kind hat.

Zusammenfassend kann ich sagen, dass ich die Präimplantationsdiagnostik befürworte und auch den Schwangerschaftsabbruch nicht generell ablehne. Dennoch gibt es immer Ausnahmen und ich finde, nach dieser genauen Betrachtung, dass man hier keine kategorischen Entschlüsse fassen kann. Zur Präimplantationsdiagnostik, kurz PID genannt, finde ich es noch wichtig, darauf hinzuweisen, dass die Ergebnisse dieser Untersuchung zu schweren psychischen Problemen führen können. Man kommt in einen ungeheuer großen Strudel von einem Gewissenskonflikt, und wird die getroffene Entscheidung auf jeden Fall bereuen. Verbieten, wie manche Politiker und Menschenrechtler es fordern, möchte ich PID nicht, denn es ist eine Möglichkeit, etwas vorherzusagen und den Eltern von gesunden Kindern mehr Mut zu machen. Die positivste Stimme aus der Politik ist Gerhard Schröder,

der sich dafür ausspricht, denn er befürchtet, dass die Forschung dann in anderen Ländern, wo auch das Embryonenschutzgesetz sehr viel lockerer ist, wie zum Beispiel Schweden, Polen und die USA, viel weiter vorangetrieben wird und dort vielleicht keine Rücksicht mehr auf die Menschenrechte genommen wird. Ich sehe in dem Abtreiben von Embryonen keine Probleme, solange sie nichts spüren oder nichts fühlen. Solange die Embryonen nichts fühlen, sehen, hören,... sprich: empfinden können, finde ich es in Ordnung, sie zu töten, denn etwas zu töten, was nur irgendwie „lebt", finde ich weder grausam noch schlimm. Das größte Problem der Präimplantationsdiagnostik sehe ich wirklich wie die Grünen in der Selektion.

Wer weiß, dass er ein krankes Kind bekommen wird, sollte es trotzdem austragen, wenn man sicher sein kann, dass es genug Liebe und Pflege bekommt und es wirklich haben möchte. Denn bei behinderten Kindern ist es in sehr vielen Fällen so, dass sie viel mehr Pflege und Zeit benötigen und das wahrscheinlich ihr ganzes Leben lang. Falls man den Kindern das bieten kann, bin ich mir sicher, dass es ihnen noch besser ergeht als manchem normal-gesundem Kind. Aus Angst vor der Verantwortung, die man mit der Geburt eines kranken Kindes übertragen bekommt, sollte man bestimmt nicht zurückschrecken und einen Rückzieher machen und das Kind abtreiben. Außerdem hat sowieso niemand das Recht auf ein gesundes Kind. Jeder weiß doch, dass es Spaß machen kann, anderen zu helfen. Diese Kinder können dann auch jede Hilfe gebrauchen, genauso, wie Eltern, die sich bestimmt über Unterstützung freuen. Ferner gibt es Menschen, die einem helfen wollen und sozial überaus hilfsbereit und engagiert sind, dass man es auch mit einem kranken Kind gut schaffen kann, zu leben.

Ich finde, dass es kein lebensunwertes Leben gibt. Für ein Verbot der Abtreibung bin ich jedoch nicht, aber Abtreibung darf meiner Ansicht nach nur wegen innerer oder äußerer Umstände geschehen und nicht wegen lebensunwerten Lebens. Auch Behinderten kann man ein schönes Leben bieten. Dazu kommt es auch auf die eigene Aufopferungsfähigkeit an.

Doch die Gentechnik hat auch noch andere Aspekte: Man kann Obst und Gemüse durch die Gentechnik verändern. Hierbei geht es nicht nur um die Größe der Waren, sondern vor allem darum, dass sie länger haltbar bleiben sollen und resistenter gegen Krankheiten, Schädlinge und Schadstoffe werden sollen. Einen Vorteil dieser Technik sehe ich darin, dass

Naturkatastrophen keine Hungersnöte mehr auslösen können, denn die Früchte sind widerstandsfähiger geworden. Aber es gibt auch Nachteile, die ich als viel schwerwiegender empfinde: Durch die resistenteren Sorten, die die genetisch manipuliert wurden, werden die vorhandenen Sorten vom Markt gedrängt. Wenn bei einer Veränderung in den Erbanlagen etwas falsch läuft, kann es passieren, dass diese Sorte ungenießbar ist, jedoch ist sie äußerlich nicht mehr von den unmanipulierten Arten zu unterscheiden. Auch die Vermischung der Sorten, zum Beispiel durch Pollenflug, führt dazu, dass die Arten nicht mehr voneinander Trennbar werden. Wenn die Biodiversität aus diesen Gründen abnimmt, dann geht der natürliche Schutz gegenüber den Umwelteinflüssen verloren. Passiert es so, dass eine Katastrophe nur eine Art betrifft, es aber überhaupt nur zwei Arten gibt, dann ist der Verlust viel größer. Da man aber zum heutigen Standpunkt zwar die Gene teilweise, oder fast völlig, kartieren kann, gibt es viele Möglichkeiten daran etwas zu verändern und sie so zu verbessern. Jedoch wissen wir noch nicht, wie diese vielen Einzelteile genau zusammenspielen, sodass man durch einen kleinen Fehler einen sehr gr0oßen Schaden anrichten kann. Hierfür finde ich, sollte erst alles erforscht werden, bevor man solche Projekte in Angriff nimmt, wie 15 km² genetisch manipulierten Mais anzubauen. Denn ich kann mir nicht vorstellen, dass man so etwas wieder rückgängig machen kann. Gentechnisch veränderte Pflanzen vermehren sich ja auch unkontrolliert.

Die Forschung an der Gentechnik ist also sehr wichtig, nur sollte man vorsichtig damit umgehen, und erst, wenn man sich gut genug mit den Genomen auskennt, an unumkehrbare Großprojekte heranwagen.